National Geographic
School Publishing

Elevándonos con la ciencia

EDICIÓN PATHFINDER

Por Susan Halko

CONTENIDO

Elevándonos

A La estadounidense Lindsey Van, que practica el salto en esquí, espera su turno en la cima de la montaña. Allí está la luz verde. ¡Fuera! Se impulsa desde la barra. Gana velocidad. Alcanza el salto y despega en el aire. Miren su forma. ¡Realmente se está elevando! Ahora planea descendiendo para aterrizar. Sus esquíes tocan el suelo con gracia. Dobla las rodillas y gradualmente esquía hasta detenerse. ¡Qué salto sensacional! Lo creas o no, las leyes del movimiento participan en un salto como este. ¿Cómo? ¿Qué tienen que ver con el salto en esquí? Averigüémoslo.

La conexión con Newton

El 20 de febrero de 2009, Lindsey Van ganó la primera medalla de oro en la categoría de esquí femenino en el torneo mundial.

Lindsey usó su habilidad atlética para realizar el salto, pero también participaron las leyes del movimiento. El famoso científico Sir Isaac Newton descubrió las normas que rigen el movimiento de las cosas. Describió sus normas como las tres leyes del movimiento.

Veamos el salto de Lindsey. Las leyes del movimiento de Newton desempeñan un papel fundamental desde el momento en el que despega de la cima de la montaña hasta que esquía y se detiene en la parte inferior.

Gran movimiento.
Un poco de ciencia ayuda a los participantes del salto en esquí a llegar muy lejos.

con la ciencia
Por Susan Halko

Los pasos de un salto en esquí

1. Pista

2. Despegue

3. Vuelo

Fuerzas en funcionamiento

La primera Ley de Newton dice que, para mover un objeto en reposo, una **fuerza** debe impulsar el objeto. Una fuerza es un empujón o un tirón que hace que algo se mueva. Lindsey usa la fuerza para impulsarse desde la barra. Esa fuerza hace que se mueva.

Cuando llega a la pendiente, Lindsey necesita ir lo más rápido posible. Sabe que las fuerzas actuarán con ella y contra ella. La fuerza de la gravedad la ayudará. La impulsa hacia abajo en la montaña, ayudándola a moverse más rápido.

La fuerza de la **fricción**, o frotación, entre sus esquíes y la nieve reduce su velocidad. Para combatir la fricción, coloca cera en la parte inferior de sus esquíes antes del salto. Esto reduce la fricción. Menos fricción significa más velocidad. Y más velocidad significa un mejor salto.

A medida que Lindsey acelera por la montaña, debe empujar contra la fuerza del aire. Esto reduce su velocidad.

Para combatirlo, Lindsey reduce la resistencia del aire cambiando la forma de su cuerpo. Dobla las rodillas y coloca los brazos detrás del cuerpo. De esa manera no es necesario empujar tanto aire al avanzar. Piensa en la forma de un automóvil deportivo. Su forma impide que una gran cantidad de aire obstaculice su movimiento. Es lo mismo cuando Lindsey se agacha.

Más fuerza = más velocidad

La segunda ley del movimiento de Newton dice que la masa afecta la forma en que acelera un objeto. Una persona de menor tamaño genera menor fuerza. Eso podría significar menor aceleración. Entonces la masa de Lindsey afecta la velocidad a la que esquía al descender la montaña.

Las tres leyes del movimiento de Newton

Newton descubrió cómo se mueven los objetos. Las ideas de sus leyes del movimiento describen las fuerzas que se producen durante un salto en esquí.

Primera ley del movimiento: Un objeto en movimiento se mantiene en movimiento a la misma velocidad y en el mismo sentido a menos que una fuerza actúe sobre él. Un objeto en reposo se mantendrá en reposo a menos que una fuerza actúe sobre él.

Segunda ley del movimiento: La potencia de la fuerza y la masa del objeto afectarán la forma en que acelera el objeto.

Tercera ley del movimiento: Para cada acción, hay una reacción equivalente y opuesta.

4. Aterrizaje

El salto crucial

Lindsey esquía por la pista por tan solo unos segundos antes del despegue.

Debe colocar su cuerpo y sus esquíes en el ángulo correcto en el momento del salto. Debe saltar rápidamente hacia arriba y hacia adelante justo en el momento correcto. Si salta demasiado tarde, deberá recuperar el equilibrio. Eso hará que el salto sea más corto. Si salta antes de tiempo, puede caer por la montaña.

Dulce victoria. Lindsey celebra su salto ganador en el Torneo mundial de 2009.

¿Necesitas elevarte?

Como Lindsey inclina su cuerpo y sus esquíes correctamente, "atrapa el aire". Esto significa que coloca su cuerpo de tal forma que el aire la empuja. Esto actúa contra la gravedad y reduce la velocidad de su retorno a la tierra. Cuando Lindsey atrapa el aire, es elevada por la fuerza de **sustentación**. La sustentación ayuda a los objetos a mantenerse en el aire.

La tercera ley del movimiento de Newton ayuda a explicar cómo funciona la sustentación. La tercera ley indica que por cada acción, hay una reacción equivalente y opuesta.

Un pájaro que vuela en el aire es un ejemplo de sustentación. El pájaro mueve sus alas hacia abajo. Esa es la acción. La reacción es al aire que empuja al pájaro hacia arriba.

Cuando Lindsey vuela por el aire, su cuerpo y sus esquíes empujan el aire hacia abajo. Esa es la acción. Al mismo tiempo, el aire empuja a Lindsey hacia arriba. Esa es la reacción.

La posición en forma de V de Lindsey crea una mayor superficie debajo de su cuerpo. Puede empujar más aire hacia abajo. En reacción, más aire la empuja hacia arriba, dándole un impulso.

Un aterrizaje feliz

Cuando desciende del salto, los esquíes de Lindsey tocan la nieve. ¿Qué fuerza tironea a Lindsey nuevamente hacia la tierra?

Sí, lo adivinaste: la gravedad. Este es otro ejemplo de la primera ley del movimiento de Newton. La gravedad es la fuerza que actúa sobre Lindsey. Impide que vuele para siempre.

Cuando Lindsey aterriza, sabe que saltó lejos. De hecho, saltó 97,5 metros (alrededor de 320 pies). ¡Eso es más que la longitud de un campo de fútbol!

Finalmente, los bordes de los esquíes de Lindsey se hunden en la nieve. Esto aumenta la fricción entre los esquíes y la nieve. Reduce su velocidad y se detiene. ¡Es hora de celebrar!

Sueños olímpicos

Sueños olímpicos

Lindsey Van comenzó a saltar en esquí cuando tenía apenas 7 años. Desde entonces, sueña con ganar una medalla de oro en las Olimpíadas.

El salto en esquí comenzó en los primeros Juegos Olímpicos de invierno de 1924. Pero las mujeres nunca pudieron competir.

En 2009, el Comité Olímpico Internacional determinó que el salto en esquí femenino aún no estaba preparado para formar parte de los Juegos Olímpicos de invierno. Indicó que no había suficientes mujeres que practicaran el deporte en el mundo.

Pero las mujeres que practicaban el salto en esquí no estuvieron de acuerdo. Conocían a 80 mujeres de 14 países que podían participar.

Estas mujeres sentían que no era justo. Después de todo, los hombres y mujeres usan exactamente la misma técnica durante un salto en esquí.

La única diferencia es que las mujeres deben alcanzar una velocidad algo mayor para saltar las mismas distancias que los hombres. Eso se debe a que las mujeres con frecuencia pesan menos que los hombres.

Incluso con esta diferencia, Lindsey ha saltado más lejos que los hombres. De hecho, obtuvo el récord por el salto más largo —hombres o mujeres— en Whistler Olympic Park Hill en 2008.

Esperanza para el futuro

Lindsey y sus compañeras de esquí tienen esperanzas. Creen que el Comité Olímpico algún día les permitirá saltar.

El deporte está creciendo. Cientos de niñas están aprendiendo a saltar en esquí.

Así que, cuando lleguen los próximos Juegos Olímpicos de invierno, no te los pierdas. Con suerte, verás al equipo femenino de salto en esquí de los EE.UU. ganar una medalla de oro en las Olimpíadas.

Vocabulario

sustentación: fuerza que ayuda a los objetos a mantenerse en el aire

fricción: fuerza que reduce el movimiento de un objeto que toca otra cosa mientras se mueve

fuerza: empujón o tirón

Las leyes en juego

Las leyes del movimiento de Newton no solo afectan los saltos en esquí. El movimiento está en todas partes. Las fuerzas actúan sobre nosotros todo el tiempo.

Puedes sentir las fuerzas que te empujan cuando montas una bicicleta contra el viento. Puedes sentir la fricción cuando corres y te detienes en el piso de un gimnasio. Y la gravedad te atrae ahora mismo, manteniéndote sobre la superficie de la Tierra.

Puedes observar las leyes del movimiento dondequiera que vayas. Piensa en un patio de juegos. Las leyes de movimiento entran en juego en todo lo que haces, desde correr hasta montar en un carrusel.

Detenerse rápido

Puedes ver la primera ley del movimiento en acción durante una carrera. Una niña corre una carrera con sus amigas. ¡Es un objeto en movimiento! Intenta detenerse rápido. Pero no se detiene de inmediato. Se mueve un poco hacia delante mientras se afirma.

Es la primera ley de Newton. Dice que un objeto en movimiento tiende a mantenerse en movimiento a menos que una fuerza actúe sobre él.

Un objeto en reposo se mantiene en reposo a menos que una fuerza actúe sobre él.

Cuanta más masa posee un objeto, más difícil será aumentar la velocidad.

¡Empújame, por favor!

La primera ley de Newton también dice que un objeto en reposo se mantiene en reposo a menos que una fuerza actúe sobre él.

Una niña se sienta en un columpio, esperando que alguien la empuje. No irá a ningún sitio hasta que alguien la empuje. Se mantiene en reposo hasta que otra fuerza actúe sobre ella.

¡Más rápido, más alto!

Finalmente, la madre de la niña la empuja suavemente. Pero ella desea ir más alto. Entonces su madre usa más fuerza. Le da un empujón más fuerte. Ahora se columpia más rápido y más alto.

Es la segunda ley de Newton en acción. Dice que una fuerza mayor hace que un objeto se acelere más.

Atención

Imagina que estás jugando a atrapar la pelota. Tu amigo te arroja la pelota y tú la atrapas. Usas fuerza para detenerla. Es una fuerza fácil de ver.

Pero en ocasiones no puedes ver las fuerzas que actúan sobre un objeto en movimiento. Digamos que tu amigo arroja la pelota por encima de tu cabeza. Tú saltas para atrapar la pelota, pero está demasiado alto.

La primera ley de Newton dice que un objeto en movimiento se mantiene en movimiento a la misma velocidad y en el mismo sentido a menos que una fuerza actúe sobre él. ¿Entonces la pelota sigue subiendo al cielo? No. La gravedad es la fuerza que la tironea de vuelta a la Tierra. Cuando aterriza, rueda por el suelo. ¿Tienes que correrla por siempre? No. La fricción es la fuerza que la desacelera, y la detiene.

Esta niña muestra cómo moverse hacia atrás la ayuda a moverse hacia adelante.

Empuja hacia atrás, ve hacia adelante.

La tercera ley de Newton indica que por cada acción, hay una reacción equivalente y opuesta.

En ocasiones puedes ver esta ley en acción. Piensa en unos niños montando un monopatín. Para avanzar, empujan un pie hacia atrás.

También puedes verlo en los columpios. Para continuar moviéndose, los niños empujan sus pies hacia adelante en el suelo. Luego se mueven hacia atrás.

La mayor parte del tiempo, no puedes ver la tercera ley en acción. Pero igual está en acción.

Piensa en cada vez que saltas. Cuando saltas, tu pie empuja contra el suelo. A su vez, el suelo te empuja. ¡Es verdad! Si el suelo no te empujara, tu pie perforaría el suelo.

Ciencia cotidiana

Las fuerzas siempre actúan sobre nosotros, ya sea que estemos participando en un deporte, divirtiéndonos en el patio de juegos o leyendo un libro.

Entonces la próxima vez que visites el patio de juegos, piensa como un científico. Intenta detectar las leyes del movimiento en acción.

Las leyes del movimiento

¡Listos, preparados, ya! Veamos cuánto has aprendido acerca de las fuerzas y las leyes del movimiento.

1 Menciona dos fuerzas que reducen la velocidad de Lindsey mientras esquía por la montaña.

2 ¿Qué fuerza tironea a Lindsey hacia la tierra?

3 ¿Qué fuerza ayuda a Lindsey a mantenerse en el aire después de saltar?

4 ¿Cuál de las leyes de Newton explica por qué las personas que practican salto en esquí no pueden mantenerse en el aire por siempre?

5 Según la segunda ley de Newton, ¿qué necesitas hacer para arrojar más lejos una pelota?